SCHLAGZEUG**RUDIMENTS**
&**MUSIKALISCHE**APPLICATION

Meistere alle 40 Schlagzeug-Rudiments und wende sie im musikalischen Kontext an

SERKAN**SÜER**

FUNDAMENTAL**CHANGES**

Schlagzeug-Rudiments & Musikalische Anwendung

Meistere alle 40 Schlagzeug-Rudiments und wende sie im musikalischen Kontext an

Von Serkan Süer

Veröffentlicht von **www.fundamental-changes.com**

ISBN: 978-1-78933-184-4

www.fundamental-changes.com

Über 11.000 Fans auf Facebook: **FundamentalChangesInGuitar**

Instagram: **FundamentalChanges**

Titelbild © Shutterstock / Milosz Aniol

Inhalt

Einführung

Rudiments werden im Allgemeinen als die Grundlage allen modernen Schlagzeugspiels betrachtet. Sie sind ein unverzichtbares Werkzeug für die musikalische und technische Entwicklung eines Schlagzeugers und werden mit spezifischen Sticking-Kombinationen gespielt. Es gibt 40 Schlagzeug-Rudiments, die 1984 von der Percussive Arts Society aufgelistet wurden.

Es gibt vier Arten von Rudiments:

Roll Rudiments: 1 - Single Stroke Roll, 2 - Single Stroke Four, 3 - Single Stroke Seven, 4 - Multiple Bounce Roll, 5 – Double Stroke Roll, 6 - Triple Stroke Roll, 7 - Five Stroke Roll, 8 - Six Stroke Roll, 9 - Seven Stroke Roll, 10 - Nine Stroke Roll, 11 - Ten Stroke Roll, 12 - Eleven Stroke Roll, 13 - Thirteen Stroke Roll, 14 - Fifteen Stroke Roll, 15 - Seventeen Stroke Roll.

Paradiddle Rudiments: 16 - Single Paradiddle, 17 - Double Paradiddle, 18 - Triple Paradiddle, 19 - Single Paradiddle-Diddle.

Flam Rudiments: 20 - Flam, 21 - Flam Tap, 22 - Flam Accent, 23- Flamacue, 24 - Flam Paradiddle, 25 - Single Flammed Mill, 26 - Flam Paradiddle-Diddle, 27 - Inverted Flam Tap, 28 - Swiss Army Triplet, 29 - Pataflafla, 30 - Flam Drag.

Drag Rudiments: 31 - Drag, 32 - Single Drag Tap, 33 - Double Drag Tap, 34 - Lesson 25, 35 - Single Dragadiddle, 36 - Drag Paradiddle #1, 37 - Drag Paradiddle #2, 38 - Single Ratamacue, 39 - Double Ratamacue, 40 - Triple Ratamacue.

Der Zweck dieses Buches ist es, dir die 40 Schlagzeug-Rudiments beizubringen, um dein Grundwissen und deine Schlagzeug-Fähigkeiten zu verbessern. Dieses Buch richtet sich an Anfänger bis Fortgeschrittene mit Grundkenntnissen in 1/4-Noten, 1/8-Noten, 1/16-Noten, 1/32-Noten, 1/8-Triolen und 1/16-Triolen. Jeder Abschnitt hat zwei Hauptelemente:

- Theoretische Erklärungen und Definitionen

- Notierte und aufgenommene Beispiele, die dir helfen, eine solide Schlagzeugtechnik aufzubauen

Nachdem du die über 100 Beispiele in diesem Methodenbuch gelesen und geübt hast, wirst du Folgendes können:

- Lernen und verinnerlichen jedes Rudiments anhand von Beispielen

- Lernen, wie du jedes Rudiment als Beats und Fills in der Musik verwendest

- Entwickeln deiner Schlagzeugtechnik und deiner Fähigkeiten in den Bereichen Koordination, Spielfluss, Kreativität und Ausdauer

- Souveränes Spielen mit anderen Musikern

- Entwickeln der für das Selbststudium erforderlichen Fähigkeiten und selbstständiges Verbessern

- Lesen von Schlagzeugnotation

Ich bin zuversichtlich, dass du dein Spiel auf ein viel höheres Niveau bringen wirst, wenn du dieses Buch liest und übst. Ich wünsche dir viel Glück auf deiner Reise als Schlagzeuger*in. Viel Spaß mit dem Buch!

Serkan Süer,

Halifax, N.S., Kanada; August 2017

Hol dir das Audio

Die Audiodateien zu diesem Buch stehen unter www.fundamental-changes.com zum kostenlosen Download zur Verfügung. Der Link befindet sich in der rechten oberen Ecke. Wähle einfach diesen Buchtitel aus dem Drop-Down-Menü aus und folge den Anweisungen, um die Audiodateien zu erhalten.

Wir empfehlen, die Dateien direkt auf deinen Computer und nicht auf dein Tablet herunterzuladen und sie dort zu extrahieren, bevor du sie deiner Medienbibliothek hinzufügst. Du kannst sie dann auf dein Tablet oder deinen iPod ziehen oder auf CD brennen. Auf der Download-Seite gibt es ein Hilfe-PDF und wir bieten auch technische Unterstützung über das Kontaktformular.

Für mehr als 350 Gratisstunden mit Videos schau auf:

www.fundamental-changes.com

Über 10.000 Fans auf Facebook: **FundamentalChangesInGuitar**

Instagram: **FundamentalChanges**

Wichtige Hinweise zum Üben

„Mach das Metronom zu deinem Freund, nicht zu deinem Feind." - **Vinnie Colaiuta**.

Lies alles im Buch! Du wirst wahrscheinlich versucht sein, direkt in die Beispiele einzutauchen, anstatt jedes Kapitel sorgfältig durchzulesen, bevor du mit dem Spielen beginnst. Bitte lies die kurzen Theorieabschnitte, sonst verpasst du vielleicht wichtige Informationen, Tipps und Definitionen. Um das Beste aus deiner Übungszeit herauszuholen, empfehle ich dir dringend, das Buch vollständig zu lesen.

Benutze ein Metronom. Das Üben mit einem Metronom wird dir helfen, deine Fähigkeiten schneller zu entwickeln. Das Anfangstempo für jedes Beispiel beträgt 45 Schläge pro Minute (bpm). Sobald dir eine Übung gut liegt und genau ist, solltest du deine Geschwindigkeit allmählich und schrittweise erhöhen. Im 4/4-Bereich sollte jeder Klick eine 1/4-Note sein. In 6/8 sollte jeder Klick eine 1/8-Note sein.

Spiele die entgegengesetzten Handkombinationen: Für einige Beispiele sind im Buch Handkombinationen angegeben. Um deine Technik zu entwickeln, spiele die Übungen und führe mit jeder Hand. Wenn du natürlicherweise mit der Rechten führst, dann übe auch mit der Linken zu führen.

Wiederhole die Beispiele immer wieder. Beim Üben ist Wiederholung sehr wichtig. Spiele jede Übung in verschiedenen Tempi, um deine Fähigkeiten zu verbessern und das *Muskelgedächtnis* aufzubauen. Übe jedes Groove-Beispiel wiederholt mit verschiedenen Ride-Pattern-Oberflächen (geschlossene Hi-Hats, offene Hi-Hats, Ride-Becken, Standtom, Cowbell, etc.) und verschiedenen Snare-Drum-Optionen (Cross-Stick- oder Rim-Shot-Beats).

Hör dir das Audio beim Üben an. Das Anhören des Audios wird dir helfen, die Beispiele zu lernen.

Erstelle deine eigenen Übungen. Nachdem du jeden Abschnitt beendet hast, werde kreativ und schreibe deine eigenen Variationen. Dies wird dir helfen, in das Schlagzeug „einzutauchen" und ein viel tieferes Verständnis der Musik zu entwickeln.

Übe regelmäßig. Tägliche Übungseinheiten (mindestens 45 Minuten) werden deine Gesamtentwicklung schnell steigern.

Die in diesem Buch verwendete Notation lautet wie folgt:

Notation:

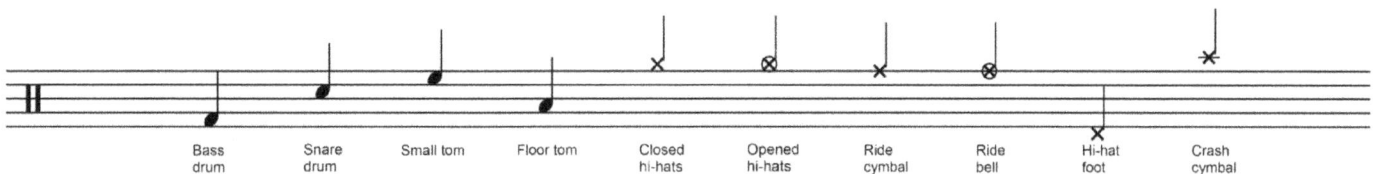

| Bass drum | Snare drum | Small tom | Floor tom | Closed hi-hats | Opened hi-hats | Ride cymbal | Ride bell | Hi-hat foot | Crash cymbal |

Single Stroke Roll

Das gebräuchlichste Schlagzeug-Rudiment ist der *Single Stroke Roll* und wird häufig sowohl in Grooves als auch in Fills eingesetzt. Dieses Rudiment besteht aus abwechselnden, gleichmäßig verteilten Einzelschlägen, die auf beide Hände aufgeteilt sind. Jeder Schlag führt eine einzelne Note aus. Die Handkombination ist R L R L oder L R L R. Das erste Beispiel zeigt den 1/16-Single-Stroke-Roll.

Beispiel 1a:

Das Spielen von 1/16-Ride-Patterns als Single Stroke Rolls ist eine wichtige Schlagzeugtechnik und wird im Allgemeinen im Rock, Pop und Funk in höheren Tempi verwendet. Im folgenden Beispiel wird das Ride Pattern auf den geschlossenen Hi-Hats gespielt, wobei die Backbeats auf die Schläge 2 und 4 gespielt werden.

Beispiel 1b:

Das nächste Beispiel ist ein Groove aus einer zweitaktigen Phrase mit einem Single-Stroke-Roll-Fill in Takt zwei. Die 1/16-Einzelschläge werden zwischen der Snare Drum und dem kleinen Tomtom auf Schlag 1, auf der Snare Drum auf Schlag 2, auf dem kleinen Tomtom auf Schlag 3 und auf dem Standtom auf Schlag 4 gespielt.

Beispiel 1c:

Single Stroke Four

In diesem Abschnitt konzentrieren wir uns auf den *Single Stroke Four*. Es gibt vier abwechselnde, gleichmäßig gespielte Einzelschläge in diesem Roll Rudiment. Die ersten drei Schläge haben die Form einer 1/16-Triole und der vierte Schlag ist eine 1/8-Note.

Beispiel 2a:

Nach dem Üben des Rudiments auf der Snare Drum ist es Zeit, den Single Stroke Four auf einen Drumbeat anzuwenden. In diesem Beispiel spielst du das Ride Pattern auf den geschlossenen Hi-Hats mit den Backbeats auf die Schläge 2 und 4.

Beispiel 2b:

Spiele im folgenden Fill den 1/8-Drumbeat im ersten Takt und das Single-Stroke-Four-Fill im zweiten Takt, um die Übung abzuschließen. Die ersten drei Wiederholungen des Rudiments werden jeweils auf der Snare Drum, dem kleinen Tomtom und dem Standtom gespielt. Die letzte Wiederholung wird zwischen dem Standtom und dem kleinen Tomtom gespielt.

Beispiel 2c:

Single Stroke Seven

Das Rudiment *Single Stroke Seven* umfasst sieben abwechselnde Einzelschläge. Die ersten sechs Schläge werden als 1/16-Sextole gespielt, der siebte Schlag ist eine 1/4-Note.

Der Single Stroke Seven wechselt von Natur aus in sich selbst, die führende Hand wechselt in jeder Wiederholung dieses Rudiments.

Beispiel 3a:

Dieser Groove hat einen 4-to-the-floor-Rhythmus mit dem Single Stroke Seven. Die 1/16-Sextolen werden auf den geschlossenen Hi-Hats als Ride Pattern gespielt. Die 1/4-Noten werden auf der Snare Drum als Backbeats auf die Schläge 2 und 4 gespielt.

Beispiel 3b:

In der folgenden zweitaktigen Phrase tritt das farbenfrohe Single-Stroke-Seven-Fill in Takt zwei auf. In jeder Sextole werden die Einzelschläge zwischen dem Standtom und dem kleinen Tomtom gespielt.

Auf der Snare Drum werden auf die Schläge 2 und 4 1/4-Noten gespielt.

Beispiel 3c:

Multiple Bounce Roll

Der *Multiple Bounce Roll* (oder *Buzz Roll*) ist eines der anspruchsvollsten Rudiments und besteht aus abwechselnden und aufeinanderfolgenden mehrfachen Prallschlägen.

Der Multiple Bounce Roll wird durch ein „z" auf den Notenhälsen notiert. Jeder Schlag führt eine undefinierte Anzahl von Noten aus. Das Entspannen der Hände und Handgelenke ist der Schlüssel.

Das Beispiel 4a zeigt den 1/16-Multiple-Bounce-Roll.

Beispiel 4a:

Obwohl dieses Rudiment üblicherweise mit dem Spielen der Snare Drum in einer Orchester-Marschkapelle in Verbindung gebracht wird, wird es auch in Stilen wie Rock, Latin, Jazz usw. verwendet. Das untenstehende Pattern verwendet einen 1/16-Multiple-Bounce-Roll auf Schlag 3.

Beispiel 4b:

Im nächsten Beispiel spielst du den 1/8-Halftime-Drumbeat im ersten Takt. In Takt zwei spielst du das interessante Fill, das sich aus der Kombination von 1/16-Multiple-Bounce-Rolls und 1/8-Noten ergibt. Die kurzen Multiple Bounce Rolls werden auf die Schläge 1 und 3 gespielt.

Hör dir das Audio-Beispiel an, um ein Gefühl für diese schwierige Technik zu bekommen.

Beispiel 4c:

Double Stroke Roll

Der *Double Stroke Roll* ist das am häufigsten verwendete Rudiment nach dem Single Stroke Roll. Es beinhaltet abwechselnde, gleichmäßig gespielte Doppelschläge, die auf beide Hände verteilt sind.

Jeder Schlag führt zwei gleiche Noten (R R oder L L) aus. Die Handkombination für dieses Rudiment ist R R L L oder L L R R.

Hier siehst du den 1/16-Double-Stroke-Roll.

Beispiel 5a:

Das folgende Beispiel zeigt ein interessantes Double-Stroke-Roll-Pattern. Das Ride Pattern wird auf den geschlossenen Hi-Hats mit den Doppelschlägen auf der Snare Drum auf Schlag 3 gespielt, das 4-to-the-floor-Bass-Drum-Pattern verleiht diesem Beat ein grooviges Feeling.

Beispiel 5b:

Spiele das Double-Stroke-Roll-Fill in Takt zwei. Die Doppelschläge werden zwischen dem Standtom und der Snare Drum auf die Schläge 1 und 3 und zwischen der Snare Drum und dem kleinen Tomtom auf die Schläge 2 und 4 gespielt.

Beispiel 5c:

Das Üben der *Push-Pull*-Technik wird dir helfen, konstante Doppelschläge in schnellerem Tempo zu spielen. Diese Technik ist auch nützlich, um Doppelschläge gleichmäßig auf verschiedenen Oberflächen zu spielen (besonders auf Tomtoms).

Jede Hand macht eine Abwärtsbewegung. Drücke (*push*) den Stick, um ein Abfedern auf der Oberfläche zu erzeugen; deine Finger steuern, wie oft abgefedert wird.

Nach dem ersten Abfedern ziehst (*pull*) du den Stick mit den Fingern und Handgelenken zurück. Schlage während dieser Aufwärtsbewegung die zweite Note an.

Triple Stroke Roll

Der *Triple Stroke Roll* besteht aus abwechselnden, gleichmäßig ausgeführten Dreifachschlägen zwischen zwei Händen. Die Handkombination ist R R R L L L oder L L L R R R.

Jeder Schlag führt eine 1/16-Triole aus.

Beispiel 6a:

Der folgende Groove ist eine Kombination aus dem Triple Stroke Roll und 1/8-Noten. Deine führende Hand spielt das Ride-Becken und deine andere Hand spielt die geschlossenen Hi-Hats. Das Ride Pattern wird zwischen diesen Becken in dieser offenen Handposition gespielt.

Auf Schlag 3 wird ein Backbeat geschlagen, um ein Halftime-Feeling zu erzeugen.

Beispiel 6b:

In der folgenden zweitaktigen Phrase beginnt das Triple-Stroke-Roll-Fill auf Schlag 3 im zweiten Takt. Spiele den ersten Dreifachschlag auf dem kleinen Tomtom, den zweiten auf der Snare Drum, den dritten auf dem Standtom und den vierten auf der Snare Drum. Behalte die Notation im Auge, während du dieses Beispiel übst.

Wie bisher kannst du die Push-Pull-Technik in schnellerem Tempo und auf verschiedenen Oberflächen anwenden. Jede Hand macht eine Abwärtsbewegung, du drückst (*push*) den Stick nach unten, um zwei Aufpralle auf der Oberfläche zu erzeugen. Nach dem zweiten Aufprall ziehst (*pull*) du den Stick mit den Fingern und Handgelenken zurück.

Schlage während dieser Aufwärtsbewegung die dritte Note an.

Beispiel 6c:

Five Stroke Roll

Wenn du die vorherigen sechs Roll Rudiments gemeistert hast, bist du bereit, ein Roll Rudiment zu erlernen, das als *Five Stroke Roll* bezeichnet wird.

Wie du im Beispiel unten sehen kannst, besteht der Five Stroke Roll aus zwei 1/16-Doppelschlägen und einem akzentuierten 1/4-Einzelschlag. Die Handkombination wechselt natürlicherweise in sich selbst.

Beispiel 7a:

Dieses Beispiel zeigt eine interessante Verwendung des Five Stroke Rolls. Das Ride Pattern wird zwischen dem Ride-Becken und den geschlossenen Hi-Hats gespielt, wobei die Backbeats auf die Schläge 2 und 4 gespielt werden.

Beispiel 7b:

Das letzte Beispiel in diesem Abschnitt ist ein Rock-Groove, bestehend aus einer zweitaktigen Phrase. Das Üben dieses Beispiels wird deine technischen Fähigkeiten auf dem gesamten Schlagzeug verbessern.

In Takt eins spielst du das 1/8-Ride-Pattern auf geöffneten Hi-Hats. In Takt zwei führst du das Five-Stroke-Roll-Fill aus, um den Groove zu vervollständigen.

Bei der ersten Wiederholung des Rudiments werden die Doppelschläge auf der Snare Drum gespielt und der akzentuierte Ton auf dem Standtom geschlagen. In der zweiten Wiederholung werden die Doppelschläge zwischen den kleinen Tomtoms und dem Standtom gespielt, wobei der akzentuierte Ton auf der Snare Drum angeschlagen wird.

Beispiel 7c:

Six Stroke Roll

Der *Six Stroke Roll* ist eine Kombination aus Einfach- und Doppelschlägen. Er beginnt mit einem akzentuierten 1/8-Einzelschlag, gefolgt von zwei 1/16-Doppelschlägen.

Das Rudiment endet mit einem weiteren akzentuierten 1/8-Einzelschlag.

Beispiel 8a:

Nun erzeugst du mit dem Six Stroke Roll einen Halftime-Groove. Das Ride Pattern wird auf geschlossenen Hi-Hats gespielt, wobei der akzentuierte Backbeat auf Schlag 3 angeschlagen wird.

Beispiel 8b:

Jetzt lernen wir, wie man den Six Stroke Roll als Fill verwendet

Der folgende Groove aus einer zweitaktigen Phrase enthält ein cooles Six-Stroke-Roll-Fill, das auf Schlag 3 im zweiten Takt beginnt. Die erste akzentuierte Note des Fills wird auf dem Standtom und die zweite auf dem kleinen Tomtom gespielt. Zwischen diesen Akzenten werden die Doppelschläge auf der Snare Drum gespielt.

Nachdem du diesen Groove geübt hast, werde kreativ und probiere deine eigenen Fill-Ideen aus.

Beispiel 8c:

Seven Stroke Roll

Der *Seven Stroke Roll* ist ähnlich aufgebaut wie der Five und Six Stroke Roll. Er enthält drei gleichmäßige 1/16-Doppelschläge und einen 1/8-Einzelschlag.

Beginne zunächst mit deiner stärkeren Hand zu führen, bevor du zu deiner schwächeren Hand wechselst, wenn du dich wohler fühlst.

Beispiel 9a:

Das folgende Beispiel zeigt einen interessanten Seven-Stroke-Roll-Groove. Die Doppelschläge werden zwischen dem Ride-Becken und den geschlossenen Hi-Hats als Ride Pattern gespielt. Der erste akzentuierte Einzelschlag wird auf der Snare Drum auf dem „&" von Schlag 2 gespielt, der zweite auf dem kleinen Tomtom auf dem „&" von Schlag 4.

Beispiel 9b:

In dieser nächsten zweitaktigen Phrase spielst du den funky 1/8-Beat in Takt eins und das Seven-Stroke-Roll-Fill in Takt zwei. Dieses Fill hat eine einfache Struktur und die Doppelschläge werden auf der Snare Drum gespielt.

Die akzentuierten Töne werden auf den geschlossenen Hi-Hats (im Unisono mit der Bass Drum) bzw. dem kleinen Tomtom gespielt.

Beispiel 9c:

Nine Stroke Roll

Du hast die Five, Six und Seven Stroke Rolls in den vorherigen Abschnitten geübt, und es ist jetzt Zeit für den *Nine Stroke Roll*.

Dieses Roll Rudiment besteht aus vier 1/16-Doppelschlägen und einem akzentuierten 1/4-Einzelschlag.

Beispiel 10a:

Das Groove-Beispiel zeigt eine zweitaktige Phrase, die mit dem Nine Stroke Roll erzeugt wurde.

Dieser Beat hat ein Halftime-Feel mit einem 4-to-the-floor-Bass-Drum-Pattern. In jedem Takt wird das Ride Pattern zwischen dem Ride-Becken und den geschlossenen Hi-Hats mit einem Backbeat auf Schlag 3 gespielt.

Konzentriere dich beim Üben auf den melodischen Wechsel im zweiten Takt, der durch die abwechselnde Handkombination verursacht wird.

Beispiel 10b:

Das folgende Beispiel ist ein Groove aus einer zweitaktigen Phrase. In Takt eins gibt es einen 1/8-Halftime-Drumbeat. Das Nine-Stroke-Roll-Fill folgt diesem Beat in Takt zwei.

Die Doppelschläge werden zwischen der Snare Drum und dem kleinen Tomtom gespielt. Dann wird die akzentuierte Note auf dem Standtom angeschlagen, um dieses Fill zu vervollständigen.

Beispiel 10c:

Ten Stroke Roll

Der *Ten Stroke Roll* ist ein ähnliches Rudiment wie der Six Stroke Roll, den du vorher geübt hast. Beide Roll Rudiments beginnen und enden mit akzentuierten 1/8-Einzelschlägen.

Der Ten Stroke Roll hat vier 1/16-Doppelschläge zwischen den Einzelschlägen.

Beispiel 11a:

Das nächste Beispiel enthält ein 4-to-the-floor-Bass-Drum-Pattern. Spiele das Ride Pattern auf den geschlossenen Hi-Hats. Auf dem „&" von Schlag 3 spielst du den letzten akzentuierten Einzelschlag auf der Snare Drum.

Konzentriere dich auf die Handkombination.

Beispiel 11b:

Hier ist ein anspruchsvollerer Groove, der dir hilft, deine Technik auf dem Set zu entwickeln.

Dieser Groove beginnt mit einem Halftime-Pattern in Takt eins; das Ride Pattern wird zwischen der Ride-Glocke und dem Ride-Becken gespielt. In Takt zwei endet der Groove mit einem Ten-Stroke-Roll-Fill.

Die erste akzentuierte Note wird auf der Ride-Glocke (im Unisono mit der Bass Drum), die Doppelschläge werden zwischen dem kleinen Tomtom und dem Standtom, und der letzte akzentuierte Ton wird auf der Snare Drum gespielt.

Beispiel 11c:

Eleven Stroke Roll

In diesem Abschnitt wirst du den *Eleven Stroke Roll* lernen. Es ist ein weiteres Roll Rudiment, das durch eine Kombination von Doppelschlägen und einem Einzelschlag entsteht.

Es besteht aus fünf 1/16-Doppelschlägen und einem akzentuierten 1/8-Einzelschlag.

Beispiel 12a:

Dieser Groove enthält ein Roll-Pattern mit elf Schlägen. Führe es mit einer offenen Handposition aus.

Das Ride Pattern wird zwischen dem Ride-Becken und den geschlossenen Hi-Hats gespielt. Auf dem „&" von Schlag 3 wird der akzentuierte Einzelschlag auf der Snare Drum gespielt.

Beispiel 12b:

Der folgende Groove soll dir helfen, deinen Spielfluss auf dem Schlagzeug zu verbessern. Spiele das Eleven-Stroke-Roll-Fill direkt nach der 1/8-Note.

Wie du in Takt zwei sehen kannst, hat dieses Fill eine einfache Struktur. Die Doppelschläge werden zwischen dem Standtom und dem kleinen Tomtom gespielt. Der akzentuierte Einzelschlag wird auf dem kleinen Tomtom gespielt.

Versuche, auf jedem Tomtom gleichmäßige Doppelschläge zu spielen.

Beispiel 12c:

Thirteen Stroke Roll

Der *Thirteen Stroke Roll* ist ein weiteres ungeradzahliges Roll Rudiment. Da du dich zuvor durch die Rudiments der Five, Seven, Nine und Eleven Stroke Roll gearbeitet hast, wirst du den Thirteen Stroke Roll mit Leichtigkeit erlernen.

Dieses Rudiment hat sechs 1/16-Doppelschläge und einen akzentuierten 1/4-Einzelschlag.

Beispiel 13a:

Das folgende Beispiel ist ein zweitaktiger Groove, der mit dem Thirteen Stroke Roll erstellt wurde.

Das Ride Pattern wird auf den geschlossenen Hi-Hats mit einem einzigen Backbeat auf Schlag 4 gespielt.

Der einzige Unterschied zwischen den beiden Takten ist die Handkombination. In Takt eins führst du den Beat mit deiner stärkeren Hand. In Takt zwei wiederholst du den gleichen Beat, wobei du mit deiner schwächeren Hand führst.

Beispiel 13b:

Spiele nun diesen Thirteen Stroke Roll im zweiten Takt des folgenden Beispiels.

Die Doppelschläge werden auf der Snare Drum auf die Schläge 1 und 3 und zwischen dem Standtom und dem kleinen Tomtom auf Schlag 2 gespielt.

Der akzentuierte Ton wird auf den offenen Hi-Hats (im Unisono mit der Bass Drum) auf Schlag 4 gespielt.

Beispiel 13c:

Fifteen Stroke Roll

Das nächste ungerade Roll Rudiment ist der *Fifteen Stroke Roll.* Es besteht aus sieben 1/16-Doppelschlägen und einem akzentuierten 1/8-Einzelschlag.

Die Handkombination dieses Rudiments wechselt nicht in sich selbst.

Übe das folgende Beispiel auf der Snare Drum, indem du mit jeder Hand führst. Beginne mit einem langsameren Tempo (45-60 bpm) zu üben, um die Sticking-Kombinationen dieses Rudiments zu verinnerlichen.

Beispiel 14a:

Das folgende Beispiel ist ein 4-to-the-floor-Groove, der mit dem Fifteen Stroke Roll erstellt wurde. Auch hier werden die Doppelschläge auf den geschlossenen Hi-Hats als Ride Pattern gespielt.

Der akzentuierte Einzelschlag wird auf der Snare Drum auf dem „&" von Schlag 4 gespielt.

Beispiel 14b:

Die nächste zweitaktige Phrase hat einen coolen Fifteen Stroke Roll in Takt zwei.

Die Doppelschläge werden zwischen der Snare Drum und dem kleinen Tomtom auf Schlag 1, zwischen dem Standtom und der Snare Drum auf Schlag 2 und noch einmal zwischen der Snare Drum und dem kleinen Tomtom auf Schlag 3 gespielt.

Der Doppelschlag wird auf dem Standtom und der akzentuierte Ton auf der Snare Drum auf Schlag 4 gespielt.

Beispiel 14c:

Seventeen Stroke Roll

Der *Seventeen Stroke Roll* ist das letzte Roll Rudiment, das eine zweitaktige Phrasenstruktur im 4/4-Takt aufweist.

Es besteht aus einem 1/16-Doppelschlag-Roll in Takt eins und einem akzentuierten 1/4-Einzelschlag auf Schlag 1 in Takt zwei.

Diese Struktur gibt dir genügend Zeit, dich auf den Wechsel der führenden Hand in der zweiten Wiederholung vorzubereiten.

Beispiel 15a:

R R L L R R L L R R L L R R L L R

Das folgende Beispiel zeigt einen Groove, bestehend aus einer viertaktigen Phrase, der mit dem Seventeen Stroke Roll erstellt wurde.

In Takt eins und drei spielst du die Doppelschlag-Rolls auf den geschlossenen Hi-Hats. Spiele den 1/4-Einzelschlag auf der Snare Drum in Takt zwei und vier.

Beispiel 15b:

R R L L R R L L R R L L R R L L R   L L R R L L R R L L R R L L R R L

Das letzte Beispiel zeigt, wie man den Seventeen Stroke Roll als Fill in einem Groove bestehend aus einer viertaktigen Phrase spielt. In den Takten eins und zwei wird das Ride Pattern des 1/8-Rock-Patterns auf dem Ride-Becken gespielt, wobei auf die Schläge 2 und 4 Noten mit dem Hi-Hat-Fuß hinzugefügt werden.

Vervollständige den Groove, indem du das Seventeen-Stroke-Roll-Fill in den Takten drei und vier ausführst. Der Doppelschlag-Roll wird zwischen dem Standtom und dem kleinen Tomtom in Takt drei gespielt.

Die akzentuierte 1/4-Note wird auf der Snare Drum auf Schlag 1 im vierten Takt gespielt.

Beispiel 15c:

R R L L R R L L R R L L R R L L   R

Single Paradiddle

Der *Single Paradiddle* ist eines der beliebtesten und wichtigsten Rudiments.

Das Erlernen dieses Rudiments wird nicht nur deine Sticking-Fähigkeiten, sondern auch deine Kreativität, Ausdauer und Flüssigkeit auf dem Schlagzeug entwickeln.

Jeder 1/16-Single-Paradiddle besteht aus zwei abwechselnden Einzelschlägen (Para) und einem Doppelschlag (Diddle). Der erste Einzelschlag ist akzentuiert. Die Handkombination ist R L R R oder L R L L.

Dieses Rudiment wechselt natürlich in sich selbst, wie im ersten Beispiel gezeigt. Übe es gemächlich.

Beispiel 16a:

Dieses Groove-Beispiel zeigt einen funkigen Single-Paradiddle-Beat. Grundsätzlich wird der Single Paradiddle zwischen den geschlossenen Hi-Hats und der Snare Drum gespielt. Die akzentuierten Backbeats werden auf die Schläge 2 und 4 gespielt.

Die restlichen Noten der Snare Drum werden als *Ghost Notes* (sehr leise) gespielt.

Beispiel 16b:

Schlagzeuger neigen dazu, die akzentuierten Noten auf Tomtoms oder Becken zu spielen, während sie Paradiddle Rudiments in Fills verwenden.

Schau dir das fantastische Single-Paradiddle-Fill in Takt zwei des folgenden Beispiels an.

Die akzentuierten Töne werden auf dem Standtom bzw. dem kleinen Tomtom gespielt. Die restlichen Noten werden auf der Snare Drum gespielt.

Beispiel 16c:

Double Paradiddle

Nachdem du den Single Paradiddle im vorigen Kapitel gemeistert hast, bist du nun bereit für den *Double Paradiddle*.

Er hat eine 1/16-Sextolenstruktur und besteht aus vier abwechselnden Einzelschlägen und einem Doppelschlag.

Die ersten Einzelschläge sind akzentuiert.

Die Handkombination dieses Rudiments wechselt natürlich in sich selbst. Übe dieses Rudiment in deinem eigenen Tempo.

Beispiel 17a:

Durch das Üben des nächsten Double-Paradiddle-Patterns wirst du deine technischen Fähigkeiten mit Double Paradiddles und Ghost Notes entwickeln.

Wie gezeigt, wird der Double Paradiddle zwischen den geschlossenen Hi-Hats und der Snare Drum gespielt, wobei die Backbeats auf die Schläge 2 und 4 gespielt werden. Die restlichen Noten werden als Ghost Notes gespielt.

Beispiel 17b:

Die folgende zweitaktige Phrase zeigt eine Anwendung des Double Paradiddle auf Fills. Das Fill folgt einem 1/8-Drumbeat.

Im Double-Paradiddle-Fill werden die akzentuierten Töne auf dem Standtom bzw. dem kleinen Tomtom gespielt. Die restlichen Noten des Rudiments werden auf der Snare Drum gespielt:

Beispiel 17c:

R L R L R R L R L R L L R L R L R R L R L R L L

Triple Paradiddle

Der *Triple Paradiddle* besteht aus sechs abwechselnden Einzelschlägen und einem Doppelschlag. Der erste Einzelschlag ist akzentuiert. Die Handkombination wechselt bei jeder Wiederholung ganz natürlich in sich selbst.

Der 1/16-Triple-Paradiddle wird wie folgt gespielt:

Beispiel 18a:

Schauen wir uns den folgenden Halftime-Beat an, der mit dem Triple Paradiddle erstellt wurde.

Das Ride Pattern wird zwischen dem Ride-Becken und den geschlossenen Hi-Hats in offener Handposition gespielt. Der einzelne Backbeat wird auf Schlag 3 gespielt.

Beispiel 18b:

Es ist immer gut, Triple-Paradiddle-Fills in Grooves zu spielen. Das nächste Beispiel hat einen 1/8-Drumbeat im ersten Takt und einen Triple-Paradiddle-Fill im zweiten Takt.

Dieses Fill wird ausschließlich zwischen dem Standtom und dem kleinen Tomtom gespielt.

Achte beim Üben auf die Handkombination.

Beispiel 18c:

Single Paradiddle-Diddle

Der *Single Paradiddle-Diddle* hat eine 1/16-Sextolenstruktur und besteht aus zwei abwechselnden Einzel- und zwei abwechselnden Doppelschlägen.

Die ersten Einzelschläge sind akzentuiert.

Die Handkombination dieses Rudiments wechselt nicht in sich selbst, also solltest du lernen, wie man sie mit jeder Hand führt.

Beispiel 19a:

Dieses melodische Beispiel demonstriert einen farbenfrohen Single-Paradiddle-Diddle-Drumbeat. Das Ride Pattern wird zwischen dem Ride-Becken und den geschlossenen Hi-Hats gespielt, wobei die Backbeats auf die Schläge 2 und 4 gespielt werden.

Beispiel 19b:

Durch das Üben des nächsten Grooves, bestehend aus einer zweitaktigen Phrase, kannst du lernen, wie man den Single Paradiddle-Diddle auf einen Fill anwendet.

Wie du in Takt zwei sehen kannst, werden die akzentuierten Noten auf dem Crash-Becken (im Unisono mit der Bass Drum), auf dem Ride-Becken (im Unisono mit der Bass Drum), auf dem kleinen Tomtom und auf dem Standtom angeschlagen.

Spiele die restlichen Noten auf der Snare Drum.

Beispiel 19c:

R L R R L L R L R R L L R L R R L L R L R R L L

Flam

Der *Flam* ist elementar für alle übrigen Rudiments.

Ein *Flam* besteht aus zwei Einzelschlägen, die aus verschiedenen Stickhöhen und mit unterschiedlichen Stärken gespielt werden. Der erste Schlag wird als *Vorschlag* bezeichnet. Der Vorschlag wird sanft aus einer niedrigeren Höhe gespielt und hat keinen rhythmischen Wert.

Der zweite Schlag wird als *Hauptschlag* bezeichnet. Der Hauptschlag wird kräftig gespielt, wobei der Stick auf einer höheren Höhe beginnt. Der Flam hat einen dickeren und längeren kombinierten Klang.

Wenn der Vorschlag mit der linken Hand und der Hauptschlag mit der rechten Hand gespielt wird, nennt man das „Rechts-Flam". Im Gegensatz dazu, wenn der Vorschlag mit der rechten Hand und der Hauptschlag mit der linken Hand gespielt wird, nennt man dies „Links-Flam".

Beispiel 20a:

Übe den folgenden 1/4-Beat, der mit dem Flam erstellt wird. Der Hauptschlag auf Schlag 3 wird auf der Snare Drum als Backbeat geschlagen. Die restlichen Noten werden auf den geschlossenen Hi-Hats gespielt.

Beispiel 20b:

Der folgende Groove zeigt ein tolles Fill kombiniert mit 1/8-Flams und abwechselnden 1/16-Einzelschlägen.

Die Flams werden auf der Snare Drum auf Schlag 1 und auf dem kleinen Tomtom auf Schlag 3 gespielt.

Beispiel 20c:

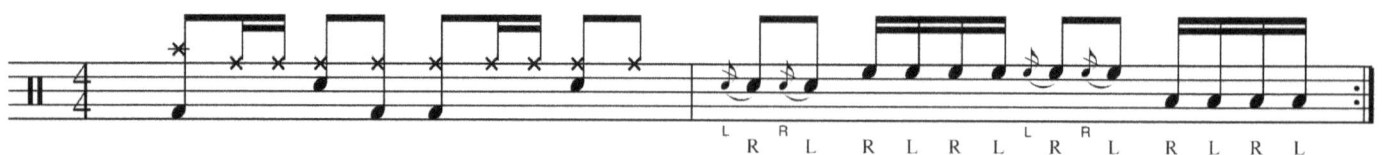

Flam Tap

Der *Flam Tap* ist ein 1/8-Double-Stroke-Roll; der erste Ton jedes Doppelschlags ist ein Flam und der zweite Ton wird als Tap bezeichnet.

Wie du im folgenden Beispiel sehen kannst, wechselt die Handkombination dieses Rudiments ganz natürlich in sich selbst.

Übe in langsameren Tempi (45-60 bpm), bis du das Rudiment verinnerlicht hast. Dann beschleunige stufenweise.

Die Push-Pull-Technik (vorgestellt in Abschnitt 5. Double Stroke Roll) kann nützlich sein, um dieses Rudiment in schnellerem Tempo auszuführen.

Beispiel 21a:

Der 1/8-Flam-Tap wird im zweiten Beispiel auf ein Pattern angewendet. In diesem Groove behältst du die führende Hand auf dem Ride-Becken und die andere Hand auf der Snare Drum. Spiele den Flam-Tap-Beat in dieser Position.

Beispiel 21b:

Das letzte Beispiel zeigt ein Flam-Tap-Fill, das einem Halftime-Beat folgt. Durch das Üben dieses Grooves werden deine Sticking-Fähigkeit und Koordination entwickelt.

Halte deine führende Hand auf dem kleinen Tomtom und deine zweite Hand auf der Snare Drum. Spiele dann das Flam-Tap-Fill, ohne diese Position zu verändern.

Beispiel 21c:

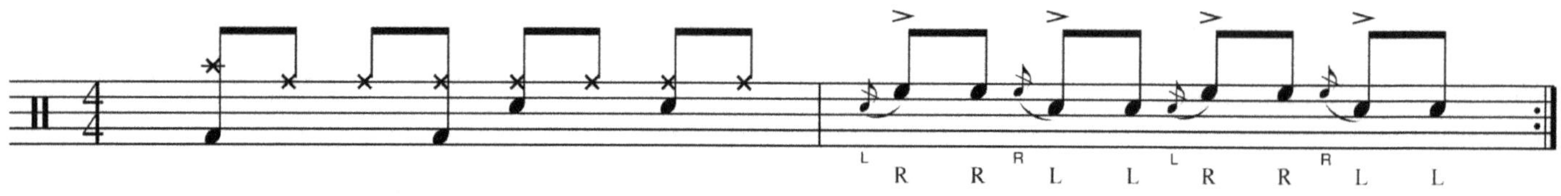

Flam Accent

Nachdem du den Flam und den Flam Tap gemeistert hast, bist du bereit, den *Flam Accent* zu erlernen.

Dieses Rudiment ist ein 1/8-Triolen-Single-Stroke-Roll und der erste Ton jeder Triole ist ein Flam. Die Handkombination wechselt bei jeder Wiederholung in sich selbst.

Beispiel 22a:

Im folgenden Beispiel wird der Flam Accent als 1/8-Triolen-Halftime-Beat verwendet.

Der Hauptschlag wird auf der Snare Drum auf Schlag 3 gespielt, die restlichen Noten des Flam Accent werden auf den geschlossenen Hi-Hats als Ride Pattern gespielt.

Beispiel 22b:

Aufgrund ihrer Struktur klingen Flam Accents gut, wenn sie in triolischen Grooves gespielt werden, wie das folgende Beispiel zeigt.

Spiele das 1/8-Shuffle-Pattern in Takt eins. Dann führe den Flam Accent in Takt zwei aus. Bei diesem Fill werden die Hauptschläge auf jedem Schlag auf dem Standtom und auf dem kleinen Tomtom gespielt.

Die restlichen Noten werden auf der Snare Drum gespielt.

Beispiel 22c:

Flamacue

Der *Flamacue* ist eines der schwierigsten Rudiments.

Es besteht aus fünf abwechselnden Einzelschlägen, vier 1/16-Noten und einer 1/4-Note. Die erste 1/16-Note und die 1/4-Note sind Flams.

Der Akzent auf der zweiten 1/16-Note macht es komplexer. Es ist vielleicht am besten, den Flamacue Schritt für Schritt zu üben.

Spiele zunächst den Part der Einzelschläge ohne die Flams oder den Akzent. Dann füge die Flams hinzu.

Wenn du dich beim Spielen dieser Überleitung sicher fühlst, füge den Akzent auf der zweiten 1/16-Note hinzu.

Beispiel 23a:

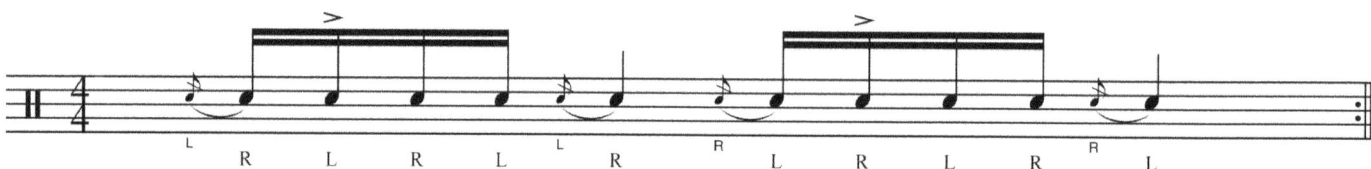

Nach dem Erlernen des Flamacue auf der Snare Drum, ist der nächste Schritt, ihn auf einen 4-to-the-floor-Groove anzuwenden.

Die 1/4-Flams werden als Backbeats auf die Schläge 2 und 4 gespielt. Die restlichen Noten werden auf den geschlossenen Hi-Hats als Ride Pattern dieses interessanten Grooves gespielt.

Beispiel 23b:

Als letzten Schritt übst du den folgenden Groove, bestehend aus einer zweitaktigen Phrase, um ein Flamacue-Fill zu lernen.

Wie in Takt zwei gezeigt, spielst du die 1/4-Flams auf dem Standtom auf Schlag 2 und auf dem kleinen Tomtom auf Schlag 4 und spielst die restlichen Noten auf der Snare Drum.

Lass dir Zeit beim Üben.

Beispiel 23c:

Flam Paradiddle

Der *Flam Paradiddle* ist eine Kombination aus zwei bereits gelernten Rudiments: Der Single Paradiddle und der Flam. Mit anderen Worten, dieses Rudiment ist eine aufgepeppte Version des 1/16-Single-Paradiddles mit Vorschlägen.

Wie du im Beispiel unten sehen kannst, wird der erste Schlag jedes Paradiddles als Flam gespielt.

Beispiel 24a:

Das folgende Beispiel zeigt einen Halftime-Beat, der mit dem Flam Paradiddle erstellt wurde.

Der Hauptschlag wird auf der Snare Drum als einzelner Backbeat auf Schlag 3 gespielt, die restlichen Noten werden auf den geschlossenen Hi-Hats als Ride Pattern gespielt.

Nachdem du dieses Beispiel geübt hast, versuche, deine eigenen Flam-Paradiddle-Beats mit verschiedenen Snare- und Bass-Drum-Variationen zu erstellen.

Beispiel 24b:

Das nächste Beispiel wird dir helfen, deinen Spielfluss und deine Ausdauer auf dem Schlagzeug zu entwickeln. In Takt zwei spielst du das Flam-Paradiddle-Fill, um den Groove zu vervollständigen. Die Hauptschläge werden auf dem Bodentom und dem kleinen Tomtom jeweils auf jedem Schlag gespielt.

Die restlichen Noten des Rudiments werden auf der Snare Drum gespielt.

Beispiel 24c:

Single Flammed Mill

Das nächste Flam Rudiment ist der *Single Flammed Mill.*

Dieses Rudiment basiert auf einem umgekehrten Paradiddle, auch bekannt als Single Mill.

Ein Single Mill besteht aus einem Doppelschlag und zwei abwechselnden Einzelschlägen, und wird als R R L R oder als L L R L gespielt.

Das folgende Beispiel zeigt den 1/16-Single-Flammed-Mill. Zuerst übst du ihn, ohne den Vorschlag hinzuzufügen. Wenn du dich sicher fühlst, spiele den ersten Ton jedes einzelnen Mills als Flam.

Beispiel 25a:

Das folgende Beispiel ist eine nützliche Übung, um deine Technik zu verbessern. Spiele jede geschlossene Hi-Hat-Note (einschließlich der Vorschläge) mit deiner führenden Hand und jede Snare-Drum-Note (einschließlich der Backbeats, der Vorschläge und der Ghost Notes) mit deiner anderen Hand.

Beispiel 25b:

Übe nun den folgenden Groove. Es ist ein 1/8-Pattern im ersten Takt und ein Single-Flammed-Mill-Fill im zweiten Takt.

Diesmal lässt du deine führende Hand auf dem Standtom und deine zweite Hand auf dem kleinen Tomtom. Dann spielst du das Rudiment zwischen diesen beiden Tomtoms, um dieses coole Fill zu spielen.

Beispiel 25c:

Flam Paradiddle-Diddle

Wie der Name schon vermuten lässt, ist der *Flam Paradiddle-Diddle* eine Mischung aus Flam- und Single-Paradiddle-Diddle-Rudiments.

Er hat eine 1/16-Sextolenstruktur und besteht aus zwei abwechselnden Einzel- und zwei abwechselnden Doppelschlägen.

Der erste Einzelschlag ist ein Flam.

Beispiel 26a:

In diesem Beispiel wirst du lernen, wie man den Flam Paradiddle-Diddle als Groove benutzt. Schau dir das folgende 4-to-the-floor-Pattern genau an. Das Ride Pattern (einschließlich der Vorschläge) wird auf den geschlossenen Hi-Hats mit zwei Backbeats auf die Schläge 2 und 4 gespielt.

Beispiel 26b:

Das letzte Beispiel zeigt einen Groove, der aus einer zweitaktigen Phrase besteht und in Takt zwei ein Flam-Paradiddle-Diddle-Fill hat. In diesem Fill werden die Hauptschläge auf die Schläge 1 und 2 auf dem kleinen Tomtom, und die Hauptschläge auf die Schläge 3 und 4 auf dem Standtom gespielt.

Die restlichen Noten des Rudiments werden auf der Snare Drum gespielt.

Beispiel 26c:

Inverted Flam Tap

Ein weiteres kniffliges Flam Rudiment ist der *Inverted Flam Tap*. Es besteht aus 1/8-Noten, und die Flams werden auf jedem 1/4-Schlag gespielt.

Die 1/8-Handkombination dieses Rudiments ist R L L R oder L R R L.

Trotz seiner einfachen Struktur kann das Sticking-Pattern dieses Rudiments eine ziemliche Herausforderung sein. Übe langsam mit einem Metronom und werde nicht schneller, bis du es flüssig spielen kannst.

Beispiel 27a:

Dieses Beispiel ist ein Halftime-Groove, der mit dem Inverted Flam Tap erstellt wurde.

Der Hauptschlag auf Schlag 3 wird auf der Snare Drum als einzelner Backbeat gespielt, die restlichen Noten werden auf den geschlossenen Hi-Hats als Ride Pattern gespielt.

Konzentriere dich auf die Sticking-Kombination, um diesen Groove korrekt auszuführen.

Beispiel 27b:

Übe nun das Inverted-Flam-Tap-Fill im folgenden Groove.

In Takt zwei lässt du deine führende Hand auf dem Standtom und die andere Hand auf der Snare Drum. Spiele das Rudiment in dieser Handposition.

Beispiel 27c:

Swiss Army Triplet

Das *Swiss Army Triplet* ist ein weiteres Flam Rudiment.

Es hat eine einfache 1/8-Triolenstruktur, und die erste Note jeder Triole ist ein Flam.

Das spezifische Hand-Pattern jeder Triole ist R R L oder L L R.

Beispiel 28a:

Hier ist ein interessanter 1/8-Triolen-Beat, der mit dem Swiss Army Triplet erstellt wurde.

Wie in der Notation gezeigt, wird das Ride Pattern des Grooves (einschließlich der Vorschläge) auf den geschlossenen Hi-Hats gespielt.

Die ersten beiden Töne der dritten Triole werden auf der Snare Drum mit deiner führenden Hand gespielt.

Beispiel 28b:

Im nächsten Beispiel übst du das Swiss Army Fill in Takt zwei nach einem 1/8-Halftime-Shuffle-Pattern.

Die Struktur dieses Fills ist ein bisschen knifflig. Die ersten beiden Töne jeder Triole werden auf den Tomtoms gespielt. Jeder Vorschlag und die dritte Note jeder Triole werden auf der Snare Drum gespielt. Übe zunächst langsam.

Beispiel 28c:

Pataflafla

Der *Pataflafla* hat einen der merkwürdigsten Namen der 40 Rudiments.

Er ist eine Kombination aus dem Flam und dem Single Stroke Roll und besteht aus vier abwechselnden 1/16-Einzelschlägen. Die jeweils erste und vierte 1/16-Note sind ein Flam.

Bei schnelleren Tempi klingt dieses Rudiment wie ein brasilianischer Samba-Rhythmus.

Beispiel 29a:

Hier wird der Pataflafla über einen Halftime-Groove gespielt. Das Ride Pattern (inklusive der Vorschläge) wird auf den geschlossenen Hi-Hats mit einem Backbeat auf Schlag 3 gespielt.

Beispiel 29b:

Das letzte Beispiel ist ein Groove, bestehend aus einer zweitaktigen Phrase, der mit einem funky 1/8-Pattern und einem Patafla-Fill erstellt wird. Schau dir die Notation des Fills genau an.

Bei jedem Schlag werden die Hauptschläge auf dem kleinen Tomtom und dem Standtom gespielt. Die restlichen Noten des Rudiments werden auf der Snare Drum gespielt.

Beispiel 29c:

Flam Drag

Der *Flam Drag* ist das letzte spezifische Sticking-Pattern in der Familie der Flam Rudiments.

Ein Drag ist ein Doppelschlag, der mit der doppelten Geschwindigkeit der Struktur gespielt wird, in die er hineingesetzt ist.

Der Flam Drag hat eine 1/8-Triolen-Struktur und besteht aus einem 1/8-Triolen-Flam, einem 1/16-Triolen-Doppelschlag (Drag) und einem 1/8-Triolen-Einzelschlag.

Schau dir die Notation an und übe sie geduldig.

Beispiel 30a:

Das Ride Pattern (inklusive der Vorschläge und der Drags) des Halftime-Grooves im nächsten Beispiel wird auf den geschlossenen Hi-Hats mit einem Backbeat auf Schlag 3 gespielt.

Beispiel 30b:

Du kannst deine Fähigkeiten verbessern, indem du den folgenden Groove übst.

Spiele das Shuffle-Rock-Pattern in Takt eins. Vervollständige den Groove, indem du in Takt zwei das Flam-Drag-Fill spielst.

Die Hauptschläge auf jedem Schlag werden auf dem Standtom bzw. dem kleinen Tomtom gespielt, die restlichen Noten werden auf der Snare Drum gespielt.

Beispiel 30c:

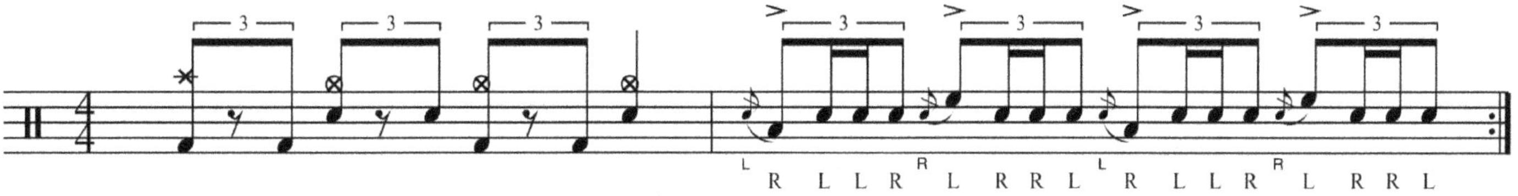

Drag Ruff

Das erste und grundlegendste der Drag-Rudiment-Familie ist der *Drag Ruff*. Wenn du dieses Rudiment beherrschst, wirst du auch lernen, wie man Drags als Vorschläge spielt.

Jeder Drag ist von einem Hauptschlag gefolgt.

Im folgenden Beispiel siehst du die Notation des 1/4-Drag-Ruffs.

Bevor du übst, solltest du dir das Audiobeispiel anhören, um darauf zu achten, wie dieses Rudiment in Aktion klingt.

Beispiel 31a:

Hier ist eine einfache Anwendung des 1/4-Drag-Ruffs auf einen Groove. Alle Noten des Rudiments werden auf den geschlossenen Hi-Hats gespielt, mit Ausnahme des Hauptschlags auf Schlag 3, der auf der Snare Drum als einzelner Backbeat gespielt wird.

Beispiel 31b:

Die folgende zweitaktige Phrase hat ein auf dem Drag Ruff basiertes Fill in Takt zwei. Die Drag-Ruff-Noten werden auf dem kleinen Tomtom auf Schlag 1 und auf dem Standtom auf Schlag 2 gespielt.

Dieses Fill wird mit 1/8- und 1/16-Einzelschlägen erstellt.

Beispiel 31c:

Single Drag Tap

Der *Single Drag Tap* hat eine 1/8-Struktur und wechselt natürlich in sich selbst.

Die Sticking-Kombination ist etwas kompliziert, daher ist es besser, wenn du dieses Rudiment auf der Snare Drum Schritt für Schritt erlernst.

Spiele zunächst die 1/8-Einzelschläge mit der Handkombination R L L R oder L R R L.

Dann fügst du jedem Tap einen Akzent hinzu (das „&" jeder Zählzeit).

Danach spielst du vor jedem Hauptschlag (vor jedem Schlag) einen Vorschlag-Drag.

Beispiel 32a:

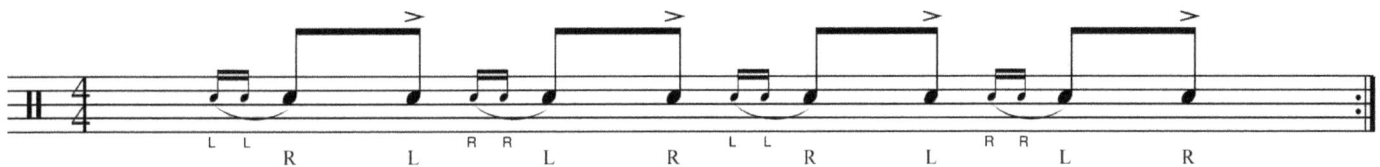

Dieses Beispiel zeigt einen Single-Drag-Tap-Beat. Das Ride Pattern (einschließlich der Drags) wird auf den geschlossenen Hi-Hats mit zwei Backbeats gespielt, die auf der Snare Drum auf die Schläge 2 und 4 gespielt werden.

Es kann einige Zeit dauern, sich an diesen kniffligen Beat zu gewöhnen. Übe in niedrigeren Tempi (45-60 bpm), bis du ihn richtig spielen kannst.

Beispiel 32b:

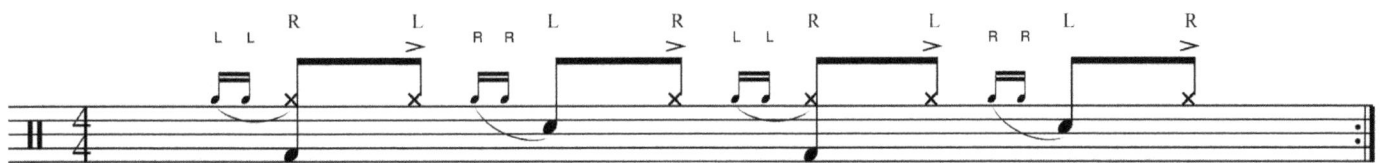

Du kannst lernen, wie du den Single Drag Tap auf Fills anwendest, indem du diesen zweitaktigen Fill/ Groove übst.

Das Single-Drag-Tap-Fill folgt einem Halftime-Pattern.

In diesem Fill werden die Vorschlag-Drags und die Hauptschläge auf der Snare Drum gespielt. Die akzentuierten Taps werden auf dem kleinen Tomtom und dem Standtom gespielt.

Beispiel 32c:

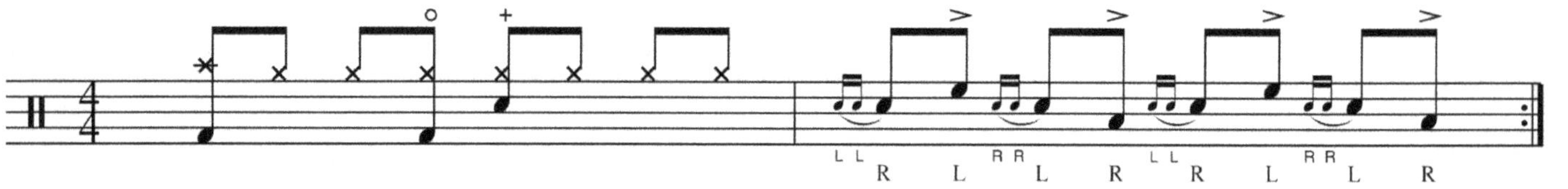

Double Drag Tap

Trotz ihrer ähnlichen Namen gibt es einen strukturellen Unterschied zwischen dem Single und dem *Double Drag Tap*.

Der Double Drag Tap wird im 6/8-Takt gespielt. Er besteht aus drei 1/8-Einzelschlägen (R R L oder L L R) und die Drags werden kurz vor dem ersten und zweiten Einzelschlag gespielt.

Der dritte Einzelschlag (der Tap) wird akzentuiert.

Das folgende Beispiel zeigt die Notation des Double Drag Taps und ist eine wertvolle Übung, um deine Technik für Drags und die Akzentuierung von Noten zu entwickeln.

Beispiel 33a:

Hier ist ein Double-Drag-Tap-Beat mit einer einfachen Struktur.

Spiele die akzentuierten Taps auf der Snare Drum und die restlichen Noten des Rudiments auf den geschlossenen Hi-Hats.

Achte genau auf die Notation.

Beispiel 33b:

Das letzte Beispiel dieses Abschnitts ist ein Blues-Groove im 6/8-Takt, der auf einer zweitaktigen Phrase basiert.

Vervollständige diesen Groove mit dem Double-Drag-Tap-Fill in Takt zwei.

Wie gezeigt, werden die Drags und die Hauptschläge auf der Snare Drum gespielt. Der erste akzentuierte Tap wird auf dem kleinen Tomtom und der zweite auf dem Standtom gespielt.

Nimm dir die Zeit und versuche, dieses Pattern exakt zu spielen.

Beispiel 33c:

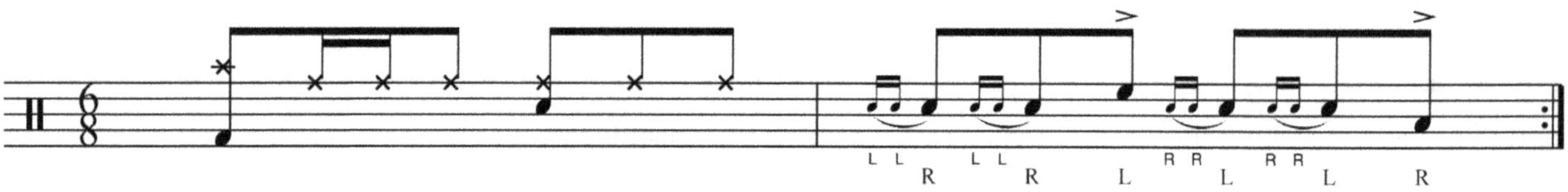

Lesson 25

Lesson 25 ist ein sehr interessanter Name, den man einem Rudiment geben kann, da er nichts über das Sticking-Pattern aussagt.

Es besteht aus zwei 1/16-Einzelschlägen und einem akzentuierten 1/8-Einzelschlag; der Vorschlag-Drag wird vor dem ersten Einzelschlag gespielt.

Beispiel 34a:

Nun sieh dir den folgenden Doubletime-Groove an, der mit der Lesson 25 erstellt wurde.

Wie in der Notation dargestellt, werden die akzentuierten Einzelschläge auf der Snare Drum gespielt.

Die restlichen Noten werden auf den geschlossenen Hi-Hats als Ride Pattern dieses einfachen Beats gespielt.

Beispiel 34b:

Der folgende Groove basiert auf einer zweitaktigen Phrase und hat ein Lesson-25-Fill in Takt zwei.

Dieses Fill ist nicht so kompliziert, wie es aussieht. Spiele auf die Schläge 1 und 2 die Vorschläge und die 1/16-Noten auf der Snare Drum und die akzentuierten Noten auf dem kleinen Tomtom.

Spiele auf die Schläge 3 und 4 die Vorschläge und die 1/16-Noten auf dem kleinen Tomtom und die akzentuierten Noten auf dem Standtom.

Beispiel 34c:

Single Dragadiddle

In diesem Abschnitt lernst du die Grundlagen des *Single Dragadiddles*.

Einfach ausgedrückt ist dieses Rudiment ein 1/16-Paradiddle, das mit einem Drag (1/32-Doppelschlag) beginnt.

Der Drag wird mit einer kurzen Linie am Hals jeder akzentuierten Note angezeigt.

Beispiel 35a:

Das folgende Beispiel demonstriert einen abwechslungsreichen Single-Dragadiddle-Beat.

Deine führende Hand spielt auf dem Ride-Becken und deine andere Hand spielt auf der Snare Drum.

Die Drags werden als Backbeats auf die Schläge 2 und 4 gespielt.

Die restlichen Noten der Snare Drum werden als Ghost Notes gespielt.

Beispiel 35b:

Schau dir nun den Groove darunter an, der in Takt zwei ein cooles Single-Dragadiddle-Fill hat.

Die Drags werden bei jedem Schlag auf dem Standtom bzw. dem kleinen Tomtom gespielt. Die restlichen Noten des Rudiments werden auf der Snare Drum gespielt.

Konzentriere dich beim Üben dieses Beispiels darauf, gleichmäßige Drags auf jedem Tomtom zu spielen.

Beispiel 35c:

R R L R R L L R L L R R L R R L L R L L

Drag Paradiddle #1

Der *Drag Paradiddle #1* ist ein weiteres Drag Rudiment, das auf dem Paradiddle basiert.

Dieses Rudiment wird im 6/8-Takt gespielt und besteht aus einem akzentuierten 1/8-Einzelschlag und einem 1/16-Paradiddle. Der Drag wird kurz vor dem Paradiddle gespielt.

Es gibt eine einfache Möglichkeit, den Drag Paradiddle #1 zu spielen.

Zuerst spielst du den Double Paradiddle im 6/8-Takt (R L R L R R / L R L R L L).

Spiele dann einen Drag statt jeder zweiten 1/16-Note (R LL R L R R / L RR L R L L).

Übe sorgfältig, um deine Sticking-Technik zu entwickeln.

Beispiel 36a:

Hier ist ein melodischer 6/8-Groove, der mit dem Drag Paradiddle #1 erstellt wurde.

Das Ride Pattern wird zwischen dem Ride-Becken und den geschlossenen Hi-Hats gespielt. Auf Schlag 4 wird der akzentuierte Ton auf der Snare Drum gespielt.

Beispiel 36b:

Der folgende bluesige Groove hat ein Drag-Paradiddle-#1-Fill in Takt zwei.

Spiele die akzentuierten Noten auf dem Standtom auf Schlag 1 und dem kleinen Tomtom auf Schlag 4. Spiele die restlichen Noten auf der Snare Drum.

Beispiel 36c:

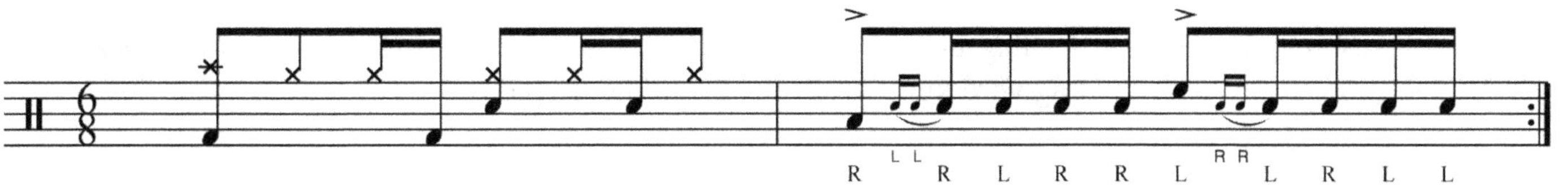

Drag Paradiddle # 2

Ein weiteres Drag Rudiment, das auf dem Paradiddle basiert, ist das *Drag Paradiddle #2*.

Es besteht aus einem 1/8-Doppelschlag und einem 1/16-Paradiddle. Der erste Drag wird vor dem zweiten 1/8-Schlag gespielt, der zweite Drag wird kurz vor dem Paradiddle gespielt.

Die allererste Note ist akzentuiert.

Du kannst diese Schritte befolgen, um dieses Rudiment schnell zu erlernen:

Zuerst spielst du ein dreifaches Paradiddle (R L R L R L R R / L R L R L R L L).

Spiele dann Drags statt jeder zweiten und vierten 1/16-Note (R LL R LL R L R R / L RR L RR L R L L).

Wie im Beispiel unten gezeigt, wechselt die Handkombination in sich selbst.

Beispiel 37a:

Probiere jetzt dieses funky Pattern aus, das mit dem Drag Paradiddle #1 erstellt wurde.

Auch hier wird das Ride Pattern zwischen dem Ride-Becken und den geschlossenen Hi-Hats mit einem auf Schlag 3 geschlagenen Backbeat gespielt.

Beispiel 37b:

Übe das Drag Paradiddle #2 als Fill im folgenden Groove.

Dieses Fill entsteht durch eine einfache Idee: Das Rudiment wird komplett zwischen Standtom und Snare Drum gespielt.

Beispiel 37c:

Single Ratamacue

In diesem Abschnitt lernst du, wie du den *Single Ratamacue* spielst und ihn auf Patterns und Fills anwendest.

Dieses Rudiment hat eine sehr ähnliche Struktur wie der Single Stroke Four und besteht aus vier abwechselnden Einzelschlagnoten.

Die ersten drei Schläge haben die Form einer 1/16-Triole, der vierte ist eine akzentuierte 1/8-Note. Der Vorschlag-Drag wird vor der ersten Note des Rudiments gespielt.

Beispiel 38a:

Der folgende Doubletime-Groove wird mit dem Single Ratamacue erstellt.

Das Ride Pattern dieses Beats wird auf den geschlossenen Hi-Hats gespielt, wobei jede akzentuierte 1/8-Note auf der Snare Drum gespielt wird.

Beispiel 38b:

Im Groove unten, der auf einer zweitaktigen Phrase basiert, folgt das Single-Ratamacue-Fill in Takt zwei dem 1/8-Doubletime-Pattern.

In diesem Fill werden die akzentuierten 1/8-Noten auf dem kleinen Tomtom und dem Standtom gespielt.

Die restlichen Noten werden auf der Snare Drum gespielt.

Beispiel 38c:

Double Ratamacue

Nachdem du den Single Ratamacue im vorherigen Abschnitt gemeistert hast, wirst du kein Problem haben, den *Double Ratamacue* zu lernen.

Der Double Ratamacue ist im Grunde genommen ein Single Ratamacue mit einem Vorschlag-Drag und einer davor gespielten 1/8-Note im 6/8-Takt.

Übe dieses Rudiment gemächlich auf deiner Snare Drum, um das Sticking-Pattern zu verinnerlichen.

Beispiel 39a:

Durch das Beherrschen des folgenden Double-Ratamacue-Grooves wirst du deine Ausdauer und deinen Spielfluss auf dem Schlagzeug entwickeln.

Das Ride Pattern wird auf den geschlossenen Hi-Hats gespielt, wobei die akzentuierten 1/8-Noten auf der Snare Drum auf die Schläge 3 und 6 gespielt werden.

Beispiel 39b:

Der folgende 6/8-Groove hat ein Double-Ratamacue-Fill in Takt zwei.

Die akzentuierten 1/8-Noten auf die Schläge 3 und 6 werden auf dem kleinen Tomtom und dem Standtom gespielt. Die restlichen Noten des Rudiments werden auf der Snare Drum gespielt.

Versuche, während des Spielens dieser zweitaktigen Phrase gleichmäßige Drags zu spielen.

Beispiel 39c:

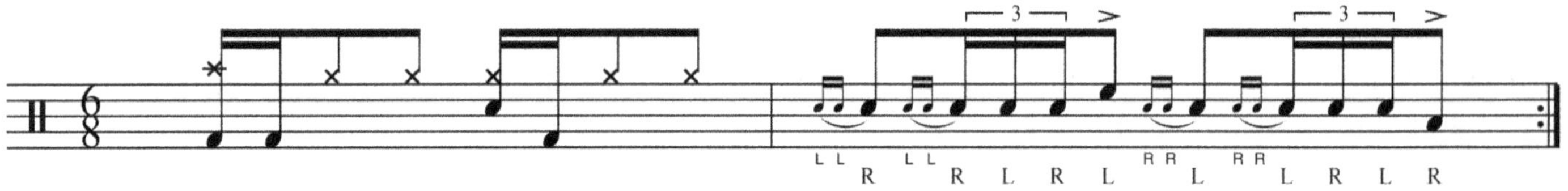

Triple Ratamacue

Der *Triple Ratamacue* ist das letzte Rudiment, das du in diesem Buch meistern wirst.

Der Triple Ratamacue besteht aus einem Double Ratamacue mit einem Vorschlag-Drag und einer davor gespielten 1/8-Note.

Lerne dieses Rudiment auf der Snare Drum anhand des folgenden Beispiels zu spielen.

Beispiel 40a:

Sehen wir uns an, wie der Triple Ratamacue auf einen 4/4-Groove angewendet wird.

Bei den „&"-Zählzeiten der Schläge 2 und 4 werden die akzentuierten 1/8-Noten auf der Snare Drum gespielt. Diese Akzente verleihen dem Beat eine funky Stimmung. Die restlichen Töne des Rudiments werden auf den geschlossenen Hi-Hats als Ride Pattern gespielt.

Beispiel 40b:

Das letzte Beispiel ist eine zweitaktige Phrase. In Takt eins spielst du das 1/8-Pattern. In Takt zwei vervollständigst du den Groove, indem du das Triple-Ratamacue-Fill spielst.

In diesem Fill wird der erste akzentuierte Ton auf dem kleinen Tomtom und der zweite auf dem Standtom gespielt.

Die restlichen Noten werden auf der Snare Drum gespielt.

Beispiel 40c:

Fazit

Herzlichen Glückwunsch zum Abschluss dieses Buches! Nun, da du das theoretische Wissen, die Fähigkeiten und die Technik von 40 Rudiments hast, bist du bereit, mit höheren Niveaus weiterzumachen. Es ist jedoch wichtig, dass du deine Fähigkeiten und Technik durch regelmäßiges Üben aufrechterhältst.

Der nächste Schritt ist die Transkription der Musik, die du spielen willst. Baue weiterhin auf den Grundfähigkeiten auf, die du in diesem Buch gelernt hast und beginne, verschiedene Genres wie Rock, Jazz, Latin, Funk und Blues etc. zu studieren. Diese Genres werden deine Schlagzeugkenntnisse und -fähigkeiten beeinflussen und verbessern.

Tritt einer Band bei oder gründe eine Band, um Erfahrung und Selbstvertrauen beim Spielen von Live-Musik zu gewinnen. Außerdem gibt dir die Zugehörigkeit zu einer Band die Möglichkeit, mit anderen Musiker*innen abzuhängen, Songs zu spielen, die du magst, und deine Zeit als Schlagzeuger*in zu genießen.

Nochmals vielen Dank für das Lesen und Durcharbeiten dieses Buches. Ich wünsche dir alles Gute für deine musikalische Reise!

„Jedes Mal, wenn du auf das Schlagzeug schlägst, musst du dir bewusst sein, dass du ein musikalisches Ereignis kreierst.“ - **Vinnie Colaiuta**.

Weitere Schlagzeugbücher von Fundamental Changes

50 Essenzielle Aufwärmübungen für Schlagzeug

Rhythmus und Notation für Schlagzeug

200 Paradiddle-Übungen für Schlagzeug

Schlagzeug Rudiments und musikalische Anwendung

Schlagzeug lernen - Vollständige Methode Volume 1

Schlagzeug lernen - Vollständige Methode Volume 2

Gitarrenbücher von Fundamental Changes

Blues-Gitarre – The Complete Guide: Teil 1: Rhythmusgitarre

Blues-Gitarre – The Complete Guide: Teil 2: Melodische Phrasierung

Blues-Gitarre – The Complete Guide: Teil 3: Mehr als Pentatonik

The Complete Guide to Playing Blues Guitar: Compilation

Das CAGED-System und 100 Licks für Blues-Gitarre

Fundamental Changes in Jazzgitarre: Eine eingehende Untersuchung des II-V-I in Dur Solospiels für Bebop-Gitarre

Moll-ii-V Meistern für Gitarre: Lerne Bebop-Soli auf den Moll-ii-V-i-Sequenzen für Jazzgitarre

Jazzblues-Improvisation für Gitarre

Gitarrenskalen im Kontext

Gitarrenakkorde im Kontext

Die ersten 100 Akkorde für die Gitarre

Jazzgitarre Akkorde meistern

Moderne Technik für E-Gitarre

Funk-Rhythmusgitarre meistern

The Complete Technique, Theory and Scales Compilation for Guitar

Sight Reading für Gitarre

Rock Guitar Un-CAGED: The CAGED System and 100 Licks for Rock Guitar

Moderne Musiktheorie für Gitarristen

Beginner's Guitar Lessons: The Essential Guide

Chord Tone Soloing für Jazzgitarre